仏教で人生を変える

—現代とすくい—

西原祐治

[015]

本願寺出版社

はじめに

二〇二一（令和三）年、世相は新型コロナウイルスに翻弄(ほんろう)されるなかにあります。

東京の小石川植物園に「ケントの花」という木があります。植物学上はセイヨウリンゴに分類され、そのなかの品種名にあたります。物理学者ニュートンは、一六六五年、リンゴが落下するのを見て万有引力を発見したと言われていますが、この木はその逸話のもとになった原木から接ぎ木栽培したものです。ニュートンがリンゴの落下から万有引力を着想した頃、ロンドンではペストが大流行していました。勤務していたケンブリッジ大学が閉鎖されたことから、ニュートンは十八か月にわたり雑事から解放され、自由に思考する時間を得ました。その期間に、万有引力の法則をはじめ「ニュートンの三大業績」は成し遂げられたとされています。

本願寺第八代宗主蓮如（れんにょ）上人が、ご門徒に出されたご消息（お手紙）を『御文章』と言います。最初のお手紙は、一四六一（寛正（かんしょう）二）年三月、上人四十七歳の時のものです。この年、北陸・近畿・山陽・山陰を中心に中世最大と言われる「寛正の飢饉」に見舞われます。前年の長雨、異常低温、台風などにより、窮乏した避難民が京都に集まり、餓死者は八万人以上、加茂川（かもがわ）は一面死者で覆われました。蓮如上人は、その混乱と苦しみの渦中で、民衆が救われていく道をお手紙に認（したた）め、御同行（おんどうぎょう）に与えられたのです。

人は、人智を超えた災害を前にして沈黙せざるを得ません。しかしその沈黙のなかから時代を超えた営みが生まれることがあります。本書では、このコロナ蔓延（まんえん）による不安のなかでも色あせることなく響き渡り、生きる支えとなってくれる言葉を選びました。生老病死（しょうろうびょうし）という人間の事実と濁世（じょくせ）という社会状況を見据えるなかで、生きるための糧として本書がその一助となれば、著者としてこれほどうれしいことはありません。

仏教で人生を変える

―現代とすくい―

目次

第三章　見直すべき人生の意味

第四章　救いの根底にあるもの

＊聖教の引用部の『浄土真宗聖典（註釈版）第二版』は『註釈版聖典』、『浄土真宗聖典（七祖篇）註釈版』は『註釈版聖典（七祖篇）』と略記しております。

第一章　人生の拠りどころ

わたしがわたしのままで

よく一念喜愛の心を発すれば、煩悩を断ぜずして涅槃を得るなり。
凡聖・逆謗斉しく回入すれば、衆水海に入りて一味なるがごとし。

（親鸞聖人「正信偈」、『註釈版聖典』二〇三頁）

一念喜愛の心――阿弥陀さまの救済を喜び愛でるこころ。
凡聖――凡夫と聖者。迷っている人と覚った人。
逆謗――〝逆〟は五つの罪、〝謗〟は仏の正法をそしること。
衆水――さまざまな川の水。

わたしは島根県の生まれです。島根県は、銅鐸の出土などで知られるように歴史のロマンを感じさせる郷です。島根県のどこまでも続く山々の風景は、有史以前のパノラマを見ているようで、古代の息吹、悠久の時の流れに引き込まれます。

通常、わたしたちは人工構造物のなかに暮らしています。この人工構造物は外と内とを分けてくれます。しかし同時に、時の流れから自分を遮断してしまいます。人工構造物の谷間で暮らす現代人からは、悠久、永遠、無量といった自分を超えた大いなる存在を感じながら生きる感覚が失われつつあります。

仏教では、迷いの根本は分別（ふんべつ）にあると説きます。分別とは〝分〟も〝別〟も〝わける〟という意味ですが、ともに対象となるものやことを比較して〝優劣をつける〟思考パターンのことを言います。わたしたちは、悲しみよりも喜びを、苦しみよりも楽しみを求めています。じつは、その求めるこころが自分のなかに不自由さをつくっていくのです。

ある親睦会でのことです。五十代の女性との会話で、彼女はがんを患っているというお話でした。

わたしが、「がんを体験されたことで人生観は変わりましたか」と尋ねますと、「はい、性格が悪くなりました」と答えられましたので、「と、言いますと？」と重ねて尋ねますと、「はい、わがままになりました。前は遠慮したり控えめでしたが、いまは、何でも我慢せずに口に出したり、好きなことをしています。お蔭で生きることがすごく楽になりました」と言われました。

病気の体験は、ときに自分の生き方を変える好機ともなります。
知人のAさんからいただいたお手紙を紹介しましょう。

四十代後半で傷だらけの人生になってしまいましたが、私ががんになったことで、家族の絆がいままで以上に強くなりました。家族はもとより、私を励まし勇気づけてくれた友人のお蔭で、いまのわたしがあると思います。そして何よりも、毎日すべてのことに感謝して、くよくよせず、あるがままに生きるということを覚ったと言えば大げさですが、こんな気持ちになれたのも病気のお蔭だと思っています。

あるがままの自分を肯定できる。とてもシンプルですが、大事なことです。自尊心にもいろいろあります。Aさんのような自分が自分であることへの自尊心もあれば、他人と比較して生まれる自尊心もあります。

他人と比べて自分を評価する視点も大切でしょうが、やはり据わりは〝わたしはわたしのままで尊い〟という自尊心です。

この自尊心をどう育むのか。このことは、リハビリテーションでも言えることです。

リハビリテーションは、身体的な機能回復を目的としています。機能回復とは、他者と比べて、過去の自分と比べて、少しでも身体の機能を回復していくことだと考えがちです。しかし、終末期医療におけるリハビリテーションの考え方は、身体的な機能回復よりも、患者の尊厳と自尊心を取り戻すための訓練とうかがったことがあります。身体機能は、回復することもあれば回復しないこともあります。しかし、末期の状態にあって機能の回復は期待できない人についても、リハビリテーションの可能性が示されています。

一般のリハビリテーションにおいても、身体的な機能の回復にとどまらず、もっと〝自分が自分であることの尊厳〟を重視したリハビリテーションの導入が望まれます。そのためには、ありのままの自分を認めていける、より大きな存在に出遇(であ)っていくことが大切です。

さまざまな川が大海に流れ入るとき、海のはたらきによってすべての川の水は海の潮(うしお)となります。人は苦しみの濁流にあっても、どのようなわたしであっても、そのわたしを肯定してくれる大きな存在との出遇いが不可欠です。

さまざまな川が大海に流れ入ると、ひとつの潮となる。
人は苦しみの濁流に揉まれていても阿弥陀さまの光に出遇うと、
怒りや欲望・愚痴といった濁りから解放される。

“あって当たり前”という意識を変える

虚仮諂偽にして真実の心なし。

（親鸞聖人『顕浄土真実教行証文類』「信文類」、『註釈版聖典』二三一頁）

虚仮諂偽——いつわり、へつらい。

“仏教の教えはとてもわかりづらい”と言われます。なぜわかりづらいのかと言えば、そこにはさまざまな要因があります。

たとえば「五種不翻」と言って、サンスクリット語（梵語）やパーリ語の原典を漢訳するときには元の意味は訳さないで、その音に相当する漢字を当てている（音訳）箇所が随所にあるため、漢字を見ただけでは意味のわからないところがたくさんあります。

「阿弥陀(あみだ)」や「阿羅漢(あらかん)」などもそうです。

「五種不翻」とは、玄奘三蔵(げんじょうさんぞう)法師が翻訳をするときに定めた約束事で、簡単に言えば、

①名前などの固有名詞
②ひとつの単語のなかに意味がたくさんある言葉
③原語のほうが響きが良い言葉
④すでに一般に使われている言葉
⑤翻訳すると真意が失われてしまうおそれがある言葉

の五つの場合には、無理に翻訳せず原語のままを用いています。

しかしそれ以上に経典をわかりにくくさせているのは、〝わたしはわかった〟とか〝わたしはわからない〟といった主観にとらわれ、思い込みや経験値で理解しようとす

るからです。経典の役割は、わたしの〝わかった〟という分別心を木端微塵に壊すことにあります。

たとえば『仏説観無量寿経』で、主人公である韋提希夫人が阿弥陀仏の浄土の現出を乞い願ったとき、「その時世尊、すなはち微笑したまふ」（『註釈版聖典』九一頁）とあります。普通に読むと「ああ、にっこりされたのだな」と理解しますが、これが経典をわかりにくくさせてしまうのです。〝この笑いは何か〟ということをうかがっていくことが大切なのです。『大智度論』（龍樹造、『智度論』『智論』とも言う）という『般若経』の註釈書には、

①歓喜の笑い
②怒りの笑い
③軽蔑の笑い

④変わったことを見ての笑い
⑤照れ笑い
⑥違った風俗を見ての笑い
⑦稀有（けう）なことに出合ったときの笑い

という七通りの笑いがあると示されています。前述の「世尊、すなはち微笑したまふ」は〝いま、韋提希夫人の上に稀有なことが起きている〟ことを伝えているのです。

経典が難しいのは〝わたしの経験値で理解する〟からです。このわたしのとらわれを壊すのが経典の役割なのです。

東日本大震災の発生から三か月ほど経ったころ、「生きているだけで良かった」「命があるだけで良かった」という言葉をよく聞きました。人は何かを失ったとき、〝在（あ）ることの有り難さ〟を知ります。これは誰もが体験することです。若さにしろ、職業にしろ、伴侶にしろ、名誉にしろ、失って初めて有り難いと思うのです。

では、なぜ失うことを通して、在ることの有り難さを知るのでしょう。それは、失うことを通して〝あって当たり前〟というわたしの思いが壊されるからです。そうであるならば、仏教では〝失う〟という経験を経ずに、〝あって当たり前〟という思いを壊していこうとするのです。その方法が説かれているのが「経典」です。

ところが浄土真宗の仏道では、まったく考え方を異にしています。このわたしのとらわれを壊していこうとは考えません。なぜなら、「わたしは〝壊れようがない、構造的に変えることのできないもの〟を抱え込んだ凡夫である」と認め、だからこそ「阿弥陀さまによって無条件に救われなければならない存在」なのだと認めていくからです。

その体験を通して、〝自分は絶対唯一〟とする思いから解放されていく。それが浄土真宗の考え方であり、〝無条件でなければ救われない、それほどにわたしの闇は深い、その闇の深さが明らかになる〟という、人間のあり方に基づいた教えです。

ここから〝凡夫こそが救われていく〟という物語が生まれてくるのです。

真実に出遇うとは、いつわりとへつらうわたしに見切りがつくこと。

わたしの驕りが問われるとき

法身の光輪きはもなく
世の盲冥をてらすなり

（親鸞聖人『浄土和讃』、『註釈版聖典』五五七頁）

法身の光輪――阿弥陀さまの光明（智慧）。
盲冥――真実の道理に暗いこと。

キツツキが木に穴を開けるために一突きした瞬間、雷が落ち、その木がまっぷたつになった。キツツキは、「へぇー、おれの力ってすごいんだ」と勘違いをした。
自己中心性というエゴは、常に自分の力を過大評価し、満足する傾向があります。
二〇一五（平成二十七）年、『読売新聞』の「語る戦後七十年―日本の役割　熟慮の時」と題したシリーズのなかで、一月三日号に元米国務長官ヘンリー・キッシンジャー氏のインタビュー記事が掲載されていました。

キッシンジャー氏の分析は明快です。

米国は、これまでは他国の政府を自分たちがつくりかえられると信じてきた。だが現在、そうした時代から脱却しつつある。我々は、日本とドイツの占領の経験を誤って分析していた。米国が日本をつくり直したのではない、日本自身が自らの伝統的な価値観のなかで新たな状況、国際秩序に適応したのだ。

キッシンジャー氏は、〝米国は、日本の復興は米国の力だと勘違いしていた〟と分析しているのです。記事を読みながら、〝組織も個人同様に自己中心性のなかで動いていて、キツツキ同様に勘違いをする傾向があるのだ〟と改めて思いました。このことは、わたし自身においても同じです。

以前、仲間の四十人ほどで伊豆の修善寺へ旅行に行ったときのことでした。夕食のとき、ある世話人から「西原さん、Yさんのお隣りへ座ってあげてください」と言われました。Yさんは五十歳ですが、六年前から目が不自由になられました。世話人の一人であるわたしに、Yさんの食事のお世話をしてあげてくださいという配慮です。食事をしながら、わたしはYさんにいろいろなことを尋ねました。

「Yさん、いま、目が見えたら何が見たいですか」

するとYさんは、

「目が見えたら、まず人に親切にしてみたい」

と答えました。

「いつも外出したときに、目が不自由な自分に〝どちらまでですか〟と手を貸してくださる方があります。目が見えたら、自分がしてもらった他人への親切を自分もしてみたい」

と言われるのです。

わたしはYさんのその返答で、自分の質問のなかにあったある驕り(おご)に気づきました。

その驕りとは、〝Yさん、目が見えたら、わたしが見えているもので、何が見たいですか〞という姿勢です。

〝わたしは健常者で、Yさんは目が不自由な人〞という分別(ふんべつ)です。じつは、Yさんは、わたしが気づかず知らないでいた人の気遣いを知っておられたのです。

自分のなかにある〝自己中心性〞が明らかになることが大事です。わたしのエゴが明らかになることで新たな世界が開かれる。ここに、エゴでないもののはたらきがあるのです。


わたしのエゴが明らかになる。ここに如来のはたらきがある。

現実を判断する基準

大水のさきにながるるとちがらも
身をすててこそ浮かぶ瀬もあれ

（伝一休宗純禅師『一休ばなし集成』収録「一休咄」六二頁）

とち——どんぐりの古名。

〝ご都合主義〟とは、言動や主張に一貫性がなく、その時々の当人、その場の状況や雰囲気に流されて行動することです。政治の世界でも商売の世界でも、珍しいことではありません。三十年前バブルがはじけて商売が破綻した人のなかには、それ以前にこのご都合主義であぶく銭を手にした人も多かったことでしょう。

人間は多く、自分の利益によって現実をゆがめる傾向があります。欲に惑わされるということです。

鎌倉時代後期の武将に青砥藤綱という人物がいました。鎌倉幕府の職名の一つで将軍を補佐し政務を総括する役職であった執権の北条時頼に仕えた武将です。この人がどのような人であったかと言えば、引付衆という幕府の訴訟審理を担当して執権を補佐し、いまの裁判官に当たる職に就いていたそうです。権力にこびない公平な裁判官で、生活は常に質素を心掛けた清廉潔白な人柄だったと言われています。

その藤綱の逸話です。

あるとき、北条時頼が鶴岡八幡宮に参籠（昼夜籠って祈願すること）した暁、衣冠を正した老翁（神）が枕辺に立って、「政道を直くして世を久しく保とうと思うなら、わたしごころなく理に暗からぬ青砥をとり立てるがよい」と告げられたところで、夢から覚めた。

時頼は、さっそく補任状を自筆でしたためて青砥に与えた。彼は、その補任状を開いて見て驚き尋ねた。「なにゆえにかくも大きな任を賜わるのでしょうか」と尋ねる。それに対して、「夢想（神仏の夢のお告げ）によって与えるのだ」と時頼は答えた。すると青砥は首をふって、

「それではこの任は承けられません。『金剛経』にも、ものごとのうつろいやすくはかないことを、夢や泡や露に例えているではございませんか。もしわたしの首をはねよという夢をごらんになられたら、咎（とが）（過失）がなくとも、夢のお告げのままに実行なさるおつもりですか。また、報国の忠が薄いのに過分の賞を賜わるなどは、この上ない国賊と申すべきでしょう」

とその補任状を返上した。このとき藤綱は二十八歳であったという。

現代なら、社長が「臨時ボーナスを支給する」と言ったとき、社員がその理由を尋ねて「夢のお告げだ」と言われたとしたら、その臨時ボーナスを受け取るか受け取らない

かといったことになるでしょうか。

自分の都合の良いときには受け取り、都合の悪いときは受け取らないというケースがほとんどでしょうが、その否(いな)なることを先の逸話は告げています。いわんや、自分の都合に即して現実をねじ曲げることは、青砥藤綱からすれば言語道断な事態です。何を拠りどころとして現実を判断するのか、そこが大切なところです。

道理に合わなければあっさりと捨てる、その見極めが見事です。


とちの実は自ら川に身を投げたからこそ、やがて浮かび上がって大海にたどりつけたのだ。

いつでも、どこでも、どのような場合でも

仏に帰依せば、つひにまたその余のもろもろの天神に帰依せざれ

（『顕浄土真実教行証文類』「化身土文類」引用『涅槃経』、『註釈版聖典』四二九頁）

一九九八（平成十）年ごろの話です。当時、東京都中央区にある築地本願寺事務所の入り口には、いつも、しっかりした形の業務用の自転車が置かれていました。その自転車はこの寺院の代表役員で浄土真宗本願寺派の功労者でもあった方の愛用車で、都内の近場へはいつもこの自転車で移動しておられました。

あるとき、日比谷の帝国ホテルで結婚披露宴があり、その方は来賓として招かれました。築地本願寺から日比谷までは自転車で二十分の距離です。背広姿で帝国ホテルの正面へ乗りつけ、スタンドを立て鍵を閉めると、ドアマンに「これを頼むよ」と自転車を

預けたのです。

それまで帝国ホテルの玄関に自転車で堂々と乗り付けた人はいなかったらしく、ドアマンはその意外さにあっけにとられて平常心を失いました。表情で言えば〝目をパチクリ〟といったところです。帝国ホテルに自転車で駆け付けたことは二度あり、二度目は平常心で対応してくれたと、この方から直接に愉快なエピソードとして聞きました。

「自転車での危険な行為」に関する法律が施行された現在では、飲酒を伴う席に自転車で行くことは無理です。もちろんお酒を飲まなければOKですが。ともあれ、自転車であっても威風堂々とした態度があればこそ、帝国ホテルの玄関でも絵になります。

わたしたちは、どうしても世間体を大事にして暮しているので、自分の持ち物や学識、財産にプライドを見出し、他人との比べ合いのなかで自尊感情を見出しがちです。社会生活のなかではそれも大切ですが、人生という海原では、いつでもどこでも、どのような状態でも、わたしを〝かけがえのない存在である〟と受け入れてもらえる豊かな拠りどころが大切です。

わたしのそのときのありようによって、支えになったり支えにならなかったりする拠りどころでは、確かな拠りどころとは言えません。〝拠りどころがしっかりしている〟ことが大事です。

以前、マイクロメーターの製作会社に講話のために出向したことがあります。マイクロメーターは、微小な長さを精密に測定する機器のことです。計測器の会社なので、講話のなかで「一メートルは、光が真空中を一秒間に進む距離の二億九九七九万二四五八分の一です」という話をしました。講話を終え幹部の方と一緒にお茶をいただいていると、工場長がこんな話をされました。

「わたしたちの会社は恵まれています。一メートルの単位は、どこで測っても一メートルは一メートルであって変わることはありませんが、これが重さとなると地球には重力があるので、測る場所によって重さが違ってきます」

自宅に帰って調べてみると、赤道直下と北極点では、赤道上での体重を一とすれば、極地では〇・五パーセント増えるとあります。工場長が言われた「測る場所によって重さが違う」とは、このことです。〝そうなんだ〟と思いました。

測る場所によって重さが違うということでは確かな計測とは言えません。〝どこででも、どのようなときでも〟が大事です。阿弥陀さまに帰依するとは、退転することのない確かな境地に安住することです。

阿弥陀さまに帰依するとは、退転することのない境地に安住すること。

第二章　文明に溺れる人間の愚かさ

濁りを知る智慧と浄化する慈悲

五濁悪時の群生海、如来如実の言を信ずべし。

（親鸞聖人「正信偈」、『註釈版聖典』二〇三頁）

五濁悪時――いつもさまざまの穢れに汚れ、悪に染まっている世界。
群生――すべての生きもの。

時代には、その時代特有の濁りがあります。わたしたちはその濁りのなかで暮らしているので、その濁りを濁りだとは思いません。

〝公認されない悲嘆〟という論があります。ケニス・ドゥカ博士がおっしゃった説で、〝亡くなった人がどのような人であれ、死別の悲しみのなかにある人に対しては誰しもがやさしくあるべきだが、その悲しみが認められない社会がある〟というのです。

一つは、愛人関係や同性愛者など、世間では認められないことが多い人の悲嘆。亡くなった人との関係性が認められないことから、その悲嘆は無視されてしまいます。

二つ目は、中絶、死産など、本人にとってはかけがえのない対象を失った体験でも、経験していない人はその悲しみを軽くみて悲嘆を公認しないことがあります。

三つ目は、知的障がい者、幼い子ども、超高齢者などは、悼むべき人であることを認めてもらえません。

四つ目が、死罪となった犯罪者など、悼むことを公に認められない存在があります。

『教誨師』（堀川惠子　講談社）という本があります。死刑囚の教誨を務めた浄土真宗本願寺派の僧侶　渡邉普相師に取材した記録です。渡邉師は住職の傍ら、若いころから刑務所で面談や講話をする教誨師を務められ、主に東京拘置所で死刑囚の教誨にたずさわっておられました。

『教誨師』のなかにもそのことが書かれています。ある死刑囚は、逮捕される前、当時三十六歳でしたが、一九七一（昭和四十六）年三月から五月にかけて、群馬県下で犯行を重ねました。画家を装い若い女性に近づき、言葉巧みに愛車に誘って人気のない場所で乱暴して殺害し、遺体は山中に埋めるという手口で、二か月足らずのうちに八人を殺害しました。その結果、一九七六（昭和五十一）年に死刑が執行されています。

前述の本に、その姉の話が出てきます。彼女は、最後まで弟に手紙や下着を送ったりして、連絡を絶やしませんでした。やがて死刑が執行されたという記事が新聞の一面を飾ると、地元の人たちが「犯罪者の遺骨を町に戻してなるものか」と、一夜にしてその家の墓を暴いてしまいました。そして死刑が執行されて数か月が過ぎたとき、加害者の遺骨を預かっていた渡邉師のお寺に、その姉がやってきます。そのときの様子が次のように描写されています。

「弟の遺骨も、高齢の両親が亡くなっても、もう骨を納める場所もないのです」骨が透けて見えるほどに痩せこけた姉はそう言って涙を流した。

（『教誨師』二四四頁）

加害者によって殺害された被害者の遺族の悲しみを思えば、死刑囚の遺族の悲しみは取るに足らないという人もいるかもしれません。しかし、その殺害と直接には関係のない遺族にとっては、悲しむべき事態です。死刑囚の死であったがゆえに、その肉親の悲嘆が認められない社会があるのです。

わたしたちの多くは強い側の論理に従って、相手の痛みを理解できないことを良いことに、相手を知らず知らずのうちに傷つけています。ここに、時代の濁りと同化して流されるままに生きているわたしがいます。

その濁りを明らかにしてくださるのが、経典の言葉です。阿弥陀さまは、濁りを濁りと知る智慧となり、濁りを転じ浄化する慈悲となって、このわたしの上に至り届いているのです。

如来は濁りを濁りと知る智慧となり、
濁りを転じ浄化する慈悲となって、わたしの上に至り届いている。

人のやさしさに潜む暴力

善悪のふたつ、総じてもって存知せざるなり。

（『歎異抄』後序、『註釈版聖典』八五三頁）

『母よ！　殺すな』（生活書院）という本があります。障がい者解放運動「青い芝の会」の実践と理論の支柱だった書で、脳性麻痺者であった横塚晃一が残した不朽の名著と言われています。

著者は、一九七八（昭和五十三）年に四十二歳で亡くなられていますが、一九三五（昭和十）年に埼玉県で生まれ、生後十か月のとき、一週間続いた高熱で脳性麻痺になります。全身が不自由で言語障がいもありましたが、二十八歳のときに茨城県石岡市で「マハラバ村」の「身障者共同体運動」に参加します。この生活共同体で僧侶大仏空と出会い、思想的基盤を確立しました。その後、仲間とともに川崎市に移り、脳性麻痺者の団体「青い芝の会」の運動に加わります。

一九七〇（昭和四十五）年、横浜市で二人の障がい児を育てていた母親が、下の娘をエプロンのひもで絞め殺すという事件が起こります。事件後、親を殺害に追い込んだのは日本の福祉政策の貧困であり、母親もまた被害者であると、加害者である母親の減刑を嘆願する運動が開始されました。マスコミも、「施設がないゆえの悲劇」「かわいそうな親を救え」という論調を繰り返していました。こうした動きに異を唱えたのが「青い芝の会」でした。

横塚は、「この子は治らない。こんな姿で生きているよりも死んだほうが幸せなのだ」と思う親の価値観こそが問題であり、「働けるか否かによって決めようとする、この人間に対する価値観が問題だ」と声を挙げます。また、「施設があればこのような事件は起こらない」という世論に対し、障がい者を「劣った存在」「価値のない存在」とみなし、だから施設に入れろと考える健常者の価値観こそが問題である、と告発しています。

〝この子のため〟というやさしさが、ときには暴力になります。

法話に、慈悲深い尼僧の話があります。


江戸時代、大八車を曳く牛が、道にできるぬかるみで苦しんでいるのを知った慈悲深い尼が、そのぬかるみに土を運び平らにした。その慈悲深い尼は、亡くなると餓鬼道に堕ちたという。その理由は、ぬかるみに運んだ土にはたくさんの小石が混じっていて、その小石が牛の爪の間にはさまり、牛がより苦しむことになったからだ。


というお話です。

「亻（にんべん）」に「為」と書くと「偽」という文字になります。「偽」は、いつわるという意味です。自分以外の人のために何かを為すとき、よく〝子どものため〟〝親のため〟

〝あの人のため〟と理屈をつけて為すことがありますが、人は自分というエリアから出ることができないのですから、じつはそれは、〝自分が理想と考えている子どもにする（型にはめる）ため〟という、エゴにすぎません。

阿弥陀さまのやさしさを「慈悲」と言います。

「慈悲」とは、他のすべてのいのちに対して自分と他とを一切分け隔てしない〝平等〟な気持ちから生まれたものです。本当の慈悲に触れて、わたしの慈しみには限界があることを知り、自らが良いと思うことにも、ときにはブレーキをかけることが大切です。自分の知性の不確かさを知る、それがブレーキの役目をするのです。

わたしは、自分の知性が不確かであることを知っている。

無条件を条件にして——汚れの自覚

穢悪汚染にして清浄の心なし

（親鸞聖人『顕浄土真実教行証文類』「信文類」、『註釈版聖典』二三一頁）

穢悪汚染——煩悩罪悪に穢されていること。

親鸞聖人は、すべてのいのちあるものは「穢悪汚染にして清浄の心なし（悪に汚染されている）」とおっしゃっています。しかし、わたし自身はその汚染に気づくことがありません。

『ドラえもん』（アニメ版）に、「のび太のニューファッション」という話があります。友人のジャイアンが主将を務める少年野球チームでは、あるメーカーのスポーツ用品を身につけることが流行っていて、そのことを知らなかったのび太は皆に笑われ、自分もその流行の製品がほしいとドラえもんに頼み込む。ドラえもんは、流行を追いかけることがいかにつまらないか説明するが、のび太は「流行遅れは格好悪い、このままじゃ恥ずかしくて外を歩けない」と言って、泣きついてしまう。

　そこで仕方なくドラえもんは、「流行性ネコシャクシビールス」という、自分で流行をつくり出すことができる秘密道具を取り出す。この道具のなかには、粉状のビールス（「ウイルス」の昔の言い方）が入っており、そのビールスを「ぼくと同じ格好を流行らせろ」と命じて空気中に散布する。周囲の人がそのビールスを吸い込むと、「同じ格好をしなきゃ」という強迫観念に駆られてしまう。その結果、あっという間に流行は広まり、ビールスの散布者は流行の最先端となる。

　のび太は皆が真似をするので、自分のファッションが最先端なのだという優越感に浸り、調子に乗ってパンツ一丁のファッションを流行らせる。そうすると、そこに通りかかった先生までビールスに感染して、「この姿こそ地球に最もやさしいファッションである」と言って、服を脱ぎだす。さらに調子に乗ったのび太は、片方だけ長靴を履き、鼻に鉛筆を突っ込み、ボロ傘をさすというとんでもない格好を流行らせて、街中の人が同じ格好になってしまう。

のび太、ジャイアン、スネ夫がそんな格好で空き地に集まっていると、そこにしずかちゃんがやってくる。しずかちゃんはたまたま風邪を引いていてマスクをしていたので、ビールスに感染しなかった。当然、「いくら流行だからって、そんな格好するなんて。みんな大嫌い！」と一蹴され、のび太たちは強烈なショックを受けて自分たちの愚かさに気づく。

このようなストーリーです。〝流行〟はウイルスによって流行るものではありませんが、何か核心をついているように思われます。

「穢悪汚染」すなわち、こころが汚染されているということも、すべての人が同じ状態にあるのでそのことに不審も抱かず、それが当たり前のことと思っているようです。

ところが、阿弥陀さまの光に照らされると、その汚れが汚れとして自覚されるのです。それはまさに、のび太のニューファッションビールスに感染していない人がその流行の嘘を見抜いたように、汚染されている悪が明らかになるのです。そこに光に照らされたものの姿があります。

悪に汚染されているわたしが明らかになる、それは無条件に救うという阿弥陀さまが明らかになることです。


悪に汚染されているわたしが明らかになる。

それは無条件に救うという阿弥陀仏が明らかになることである。

気づかない時代の濁り――劫濁

五濁の刹に現じて群生に随順す。（『仏説無量寿経』、『註釈版聖典』四頁）

五濁の刹――いろいろな悪に穢れ染まっている世界。
群生――すべての生きもの。

「平和の父」と呼ばれる人に、ヨハン・ガルトゥング博士（ノルウェーの数学者・社会学者。一九三〇年～）がおられます。二〇一六（平成二十八）年五月に来日され、各地で講演をされました。戦争のない状態が平和と解されていた時代にあって、飢餓や抑圧、差別などの「構造的暴力」も平和研究の対象として設定し、それらが克服された状態を「積極的平和」と位置づけることを提唱しました。一九六九（昭和四十四）年の論文です。

現代の平和学では、平和とは「暴力」によって人間性が疎外されないことだと言われています。暴力とは、〝人間の能力が百パーセント豊かに花開くことを疎外するもの〟です。暴力には、戦争・いじめ・殺人事件などの「直接的暴力」と、大気汚染・貧困・飢餓・差別・環境破壊・人権抑圧・医療や教育の遅れなどの「構造的暴力」とがあります。この二つの暴力は目に見えるものです。

仏教の視点からすると、直接的暴力と構造的暴力に加えて、その根源に「無明による暴力」、すなわち人間の無明煩悩から生まれてくる暴力があります。

この無明煩悩から生まれてくる暴力を、『仏説阿弥陀経』では「五濁」という言葉で説かれています。「五濁」とは、劫濁・見濁・煩悩濁・衆生濁・命濁の五つです。

まず「劫濁」ですが、「劫濁」の「劫」は、極めて長い宇宙的な時間の単位のことです。「劫の濁り」とは〝時代の濁り〟です。公害でPM2・5が問題になりましたが、このような目に見える濁りは、原因がはっきりしているだけに比較的処理が易しいのだと思います。本当に怖い濁りは、人間の関心が届かない目に見えにくい濁りです。人間の無明から生まれる時代の濁りは、濁りを濁りだとは思わず、〝普通という暴力〟のように、むしろ良いことという印象を与えます。

たとえば「清潔」もそうです。清潔なことを悪いとは思いません。数年前、NHKのラジオ放送番組「健康ライフ」で〝花粉症対策〟について解説していました。いわく、「日本人の四人に一人は花粉症」だとし、その原因として「清潔になったためのアレルギー反応」と言っていました。わたしはラジオを聞きながら、〝清潔にも反作用があるのか〟と思いました。

清潔の反作用については、わたしも体験したことがあります。風邪をひいて病院で抗生剤を処方されたので服用すると、そのたびに単純ヘルペスになることが続きました。あるとき、また風邪をひき、以前に処方されて残っていた抗生剤を服用したところ、三時間ほどして唇がピリピリしだしてヘルペスの初期症状が現れました。そうしたことが二回続き、この抗生剤がヘルペス発症の原因ではないかと気づきました。

次に風邪をひいたとき、薬の説明が書かれた紙を医師に見せながら事情を説明したところ、

「それはあり得ます。ヘルペスは弱い菌ですから普段は発症しませんが、抗生剤によってヘルペスの活動を抑えていた菌が死滅して、ヘルペスが発症したのでは…」

とのことでした。

清潔にすることは悪いことではありません。しかし清潔が唯一絶対となると、それはもう時代の濁りだと言えます。阿弥陀さまは、濁りを濁りと知る智慧となって至り届いているのです。

阿弥陀さまは、濁りを濁りと知る智慧となって至り届いている。

自己正当化からの解放――見濁

世間は虚仮なり。唯仏のみ是れ真なり

（『上宮聖徳法王帝説』、『大日本仏教全書』第一一二巻、四六頁）

虚仮――真実でないこと。

次に「見濁」です。

現代という時代の特徴は、知性や賢さへの固執であり、分別という価値観を絶対視する意識です。〝科学万能〟という考え方も曲者です。

〝科学知〟には、できるかできないかだけの価値観しかなく、〝やって良いか、悪いか〟という判断基準はありません。だから先端医療を研究する大学や大学病院でも、研究や治験については、その実験や治療に当たる研究者や医師の判断とは別に、倫理委員会を設けて検討します。

放送大学の「人格心理学」という大山泰宏（やすひろ）准教授の講義（放送大学教材『人格心理学』）で、『戦争における「人殺し」の心理学』（デーヴ・グロスマン著　ちくま学芸文庫）を紹介し、兵士による殺人への心理学の応用について話をしていました。

第二次世界大戦のとき、前線にいて自分や仲間の命が危険にさらされているにもかかわらず、敵に向かって発砲したのは、兵士の一五から二〇パーセントだけであったと言います。そこで、その後の兵士の訓練では、過剰な暴力を抑制することにではなく、必要なときにも発砲しない兵士たちの殺人への抵抗感をいかに克服するかということに、力点がおかれることになります。このような訓練には、いくつかの心理学的な手法が用いられます。

第一には、殺人のときに相手の顔が見えないようにします。一人を銃で狙って殺すよりも、大勢に対して遠距離から手榴弾（しゅりゅうだん）や散弾で殺すほうが、抵抗感が少ないということです。また空爆などの手段を使えば、直接手を下すことなく間接的に人を殺すことができるでしょう。

第二には、相手を殺す大義名分を吹き込み、自らの行為を合理化させることです。敵を蔑視する言い回しをさせ、相手がいかに残虐で非人道的であるかを教えこむことで、世界平和に貢献するための戦争であると正当化する、などの手段です。

第三には、行動主義の学習理論の応用です。標的に狙いを定めて撃つという複雑な判断が介在する行為ではなく、物陰から出てきた標的を条件反射的に即座に撃つというものです。しかも、その標的の形は丸ではなく、人間の形をしているほうが行動を生起させる条件としてより実際の戦闘場面に近いので、戦闘場面での射撃率の向上につながります。人間の形をした標的への発砲の訓練は、戦闘の実践場面での抵抗感も低下させる効果があります。実際に人に発砲しても、訓練時の標的への発砲と心理的な区別がつかず、殺人に対する罪悪感を低減させます。さらに、射撃の成績によってサンクションや報酬を与えるようにする。こうして、反射的に無差別に動きのあるものは撃つという行動が学習され強化されていくのです。

大山教授の講義でも、

こうした訓練の結果、米軍兵士の発砲率は、第二次世界大戦の15〜20％から、朝鮮戦争では55％、ベトナム戦争では90％まで上昇したという。（二〇五頁）

とあります。

わたしたちはときとして、〝賢さは良いこと〟とは言えないものを抱えているのです。この見濁という意識や考え方の濁りは、人類を不幸にすることにもなります。

〝自分の都合どおりになる〟これはわたしの〝知恵〟です。わたしの都合から解放される、それが阿弥陀さまの〝智慧〟に出遇うということです。

自分の都合どおりになる、これはわたしの知恵。
わたしの都合から解放される、これは阿弥陀さまの智慧。

いまに満足して生きる――煩悩濁

有漏路(うろじ)より無漏路(むろじ)へかえる一休み
雨降らば降れ風吹かば吹け　（伝一休宗純禅師『一休ばなし集成』収録「一休咄」一五頁）

有漏――煩悩に汚れた状態。
無漏――煩悩・迷いを離れた清浄な境地。

「煩悩濁(ぼんのうじょく)」とは、現代で言えば〝欲望を肯定する社会〟と言えるでしょう。
文化は本来、欲望を制御する機能を持っています。しかし現代の文化は欲望を肯定する方向で進んでいます。現代社会の欲望のベクトルは、〝もの〟から〝こころ〟に移っていると言われます。

以前、『新潮45』の毎号にコラムを掲載されていた人に、里見清一（さとみせいいち）医師がいます。その連載が数冊の本にまとめられていますが、その最初の本のタイトルに、『希望という名の絶望―医療現場から平成ニッポンを診断する』（新潮社）とあります。本の内容には触れませんが、この書名が面白いのです。

〝希望という名の絶望〟

希望は、生きる上で許された時間のなかに成立します。いま、まさに死にゆく人は、希望をもち希望に向かって生きることそのものが成立しません。希望だけを生き甲斐とした人生は絶望で終わります。いまに満足して生きる。感謝の生活こそが、いまを生きることです。

有漏路より無漏路へかえる一休み
雨降らば降れ風吹かば吹け

という一休禅師の歌があります。一休禅師が一休と名のる前、二十四歳のときに、琵琶湖に浮かべた舟の上で詠んだと言われています。

一休禅師は五歳のとき、臨済宗安国寺(あんこくじ)に入り、その後、滋賀堅田(かたた)・祥瑞庵(しょうずいあん)の華叟禅師(かそうぜんじ)に師事しますが、華叟はこの歌から「一休」をとって授けたそうです。

「無漏」とは仏さまの世界のことです。有漏はわたしの世界のことです。有漏から無漏に至る。これが覚りを求める方向です。歌には「一休み」とあるので、覚りへ向かうことを止めて、いまに安住することを詠んだ歌です。

以前、この歌を英訳した文章を読んだことがありますが、その英訳には「目的を持たなければ迷うことはない」とありました。

目的を持って生きることは大事ですが、目的と反目したとき、迷いが生まれます。欲望には、目的や希望と同様、未来が必要であり、いまに安住することを否定します。希望が一切なくなる。それは希望が成就したときであり、いまに満足することです。

目的をもたなければ迷うことはない。

「助けて」と言えない文化と社会――衆生濁

急に走め急になして頭燃を灸ふがごとくするものは、
すべて雑毒の善と名づく。

（善導大師『散善義』、『註釈版聖典』二一七頁）

急に走め急になして――必死になること。
頭燃を灸う――頭についた火をもみ消すこと。
雑毒の善――見返りを期待するこころや自惚れごころなどの毒に汚染されている善。

「衆生濁」とは、現代社会における問題で言えば関係性の病理とでも言えましょう。クレーマー（常習的に苦情を訴える人）やストーカー、いじめ、不登校、児童買春、子どもへの虐待、夫婦間コンフリクト（対立）、ドメスティック・バイオレンス（家庭内暴力）

など、人と人との関係性のゆがみがいろいろな形で表出しています。

二〇〇九（平成二十一）年、北九州市門司区の住宅で三十九歳の男性が餓死する事件がありました。ご遺体の側の便箋に綴られたたったひと言が「たすけて」でした。孤独死した人は元飲食店従業員の男性でした。

北九州市でのこの孤独死（餓死）の事例は、NHKのドキュメンタリー番組『クローズアップ現代』で「助けてと言えない―いま30代に何が」（二〇〇九年十月七日放送）として取り上げられ、続編を経て一年後には、『助けてと言えない―いま30代に何が』（NHKクローズアップ現代取材班編　文藝春秋）という本にもまとめられました。

「家族に迷惑をかけられない」「自己責任」として自分を責め、誰にも相談せず、家族や友人、地域のつながりを断ち切って孤立していった、という結論でした。

『対人関係の社会心理学』（吉田俊和・橋本剛・小川一美共著　ナカニシヤ出版）に、「なぜ〝助けて〟と言えないのか？　援助要請の社会心理学」という章があります。この本では、データを挙げて、性別、自尊心、関係性要因、ソーシャル・スキル、問題の深刻さといった要因を分析し、助けを求める心理について解明しています。

性別の問題として、

女性が男性から援助を受けることは自然であるが、〝男性から女性への援助要請は、自主自立という男性の役割観に反する〟という伝統的性役割観の影響がある。

（一五一頁）

とし、自尊心の問題では、

援助要請は、自身の問題予防・解決能力の低さを他者に露呈することによって、自尊心を脅かすことにもなりかねない。

（一五二頁）

と言っています。

他にも、援助要請のスキルの問題や、アジア人は欧米人に比べて自己開示を抑制しがちであること、人間関係の調和の維持を優先させてしまう文化的な側面にもアプローチし、「助けて」と言えないなかに潜む文化の問題や社会、人間関係などについて分析しています。

この関係性の病理の背景には、過剰な自尊心、ＩＴ（情報技術）化時代に育った世代に特有な全能感といった個人の気質に起因するものと、地域・家族・会社といった人々を支えてきたつながりが弱まる無縁化にも原因があるようです。自分の弱さ、愚かさを委ねることのできる人間関係や社会が望まれます。

わたしの一生懸命には限界があるのです。

わたしの一生懸命には限界があり、
わたしは、わたしというこだわりに汚染されている。

命の数量化――命濁

煩悩(ぼんのう)、眼(まなこ)を障(さ)へて見(み)たてまつらずといへども、
大悲(だいひ)、倦(もの)うきことなくしてつねにわれを照(て)らしたまふといへり。

（親鸞聖人「正信偈」、『註釈版聖典』二〇七頁）

倦きことなく――見捨てることなくという意。

「命濁(みょうじょく)」とは、命の軽視であり、命の数量化という濁りです。
二十代のころに読んだ本で、ハイデッガーの次の言葉に出合いました。
計量的思考（das rechnende Denken）を唯一の思想のように幻惑する技術革命の襲

来は、第三次世界大戦の勃発以上に大きな危険である。

〈M. Heidegger,『Gelassenheit』二六—二七頁、一九五九〉

「計量的思考」とは、何事も数量的次元に変換し比較して認知しようとする考え方です。「いのち」を役に立つか立たないかでみたり、〝〜できる〟という視点でいのちの重さを計ることです。

わたしの父は島根県生まれですが、三十歳を過ぎてから千葉県松戸市に転出し、浄土真宗の僧侶として布教伝道活動に従事し、やがて宗教法人を設立しました。その寺は現在、わたしの兄が継承し住職を務めています。父は、住職を兄に任せたところ、食道がんを患いました。不整脈もあって、その治療のため手術ができない病状でした。

当初、わたしが気になったのは、〝あと何か月の命か〟ということでした。しかし、しばらくして〝かけがえのないいのちを何か月という数量で計ることはたいへん不遜（ふそん）なこと〟という思いが湧き上がってきました。生命（いのち）を一か月、二か月という数量にした途端、一か月よりも二か月、二か月よりも三か月の生命のほうが価値ありと考えることになり、〝いのち〟が時間や物質に転落してしまうからです。

わたしたちは、一日より二日、二日より三日と生命を量に換えて量り、その数量の多さに幸せを感じていきます。しかし実際は、三日より二日、二日より一日と、短くなればなるほど、一日の重みが増していきます。そしてその極みは、〝いまのひととき〟です。

この〝ひととき〟に立つとき、「〝いま〟という瞬間は二度とは巡ってこない」という、永遠に巡り合うことのできない質を持ったいのちであることに気づかされます。死を意識することは、〝長い生命〟のうえに幸福を思う考え方から、生命の短さのなかに永遠を感ずる考え方に回心（かいしん）する最良のときでもあるようです。〝生命は長いほうが良い〟という考え方そのものが、凡夫の卑しさです。この凡夫の卑しさは、生命そのものに宿っている闇でもあります。

生命は長いほうが良いに決まっています。しかし、その長いほうが良いという決めつけが、短命な生命を貶め苦しみをつくっていくのです。まずはそのことに気づくことです。生命の短さに永遠を感じるという気づきは、阿弥陀さまがわたしに注ぎつづける大悲のなかに育まれていきます。

仏に背を向けるわたしだからこそ、阿弥陀さまはわたしに大悲を注ぎつづけるのだ。

第三章　見直すべき人生の意味

悪を貫く無上の善

すなはち阿弥陀仏なり。この如来は光明なり、
光明は智慧なり、智慧はひかりのかたちなり。
智慧またかたちなければ不可思議光仏と申すなり。

（親鸞聖人『一念多念文意』、『註釈版聖典』六九一頁）

不可思議光仏――阿弥陀さまの徳号の一。人間の思いやはからいを超えた如来のさとりの絶対の徳をあらわしている。
智慧――真理を見極める認識力。
光明――迷妄の闇を破る智慧の象徴。

駅からタクシーに乗ると、運転手さんが話しかけてきました。

「最近の若い人はどうなっているんですかねェ」

話の内容は、次のようなものでした。

ある朝、二十五、六歳とみえる女性が「駅まで」と乗車してきた。赤信号で停車すると、「わたしは急いでいます。行ってください」と、信号無視を要求してきた。「それはできません」と断ると、怒って「ここで降ります」と下車してしまった。

わたしが「たまたまのことでしょう」と応じると、そんなことが二度あったとのことでした。〝二度あることは三度ある〟ではありませんが、世の中の風潮はそんなふうになってきているのでしょうか。

この風潮は、〝思いどおりになって当たり前〟という世相がもたらすこころのゆがみです。わたしはこの話を聞きながら、現代人は思いどおりにならないことへの免疫力が低下しているのでは、と思いました。

悲劇は〝人生が思いどおりにならない〟ことから生まれます。じつは、思いどおりになっていくことのなかにも悲劇が生まれます。それは、自分の慢心に翻弄されるという悲劇です。

十五世紀ごろに英国で生まれた「エブリマン」という道徳劇があります。それぞれの時代で脚色され上演されているようです。「エブリマン」とは〝万人〟という意味ですが、元々の粗筋は次のようになっています。

エブリマンは、快楽をむさぼるだけの虚しい生活をしていたが、ある日突然、死に神と対面することになる。エブリマンは、神の裁きを受けに行かねばならず、その道中をともに歩んでくれる仲間を必死に探す。

友だちと思っていた富や知識や美などを象徴するような人々は皆、彼の旅に同行することを拒んだ。そして最後に〝善行〟を象徴した人に行き着く。

『法華経(ほっけきょう)』にも同じような物語があります。


ある国に、一人の大金持ちの男が住んでいた。

この男には四人の妻がいた。男は四人の妻のなかでも、第一夫人を最も愛し大事にした。第二夫人も第一夫人に変わらぬくらい愛していた。そして第三夫人も大事にしていた。しかし、第四夫人にはあまり愛情をかけなかった。

この男が、どうしてもよその国へ移り住まねばならないことになった。

そこで男は、第一夫人に「わたしは、お前を最も愛し大事にしてきた。だから、これからゆく国にわたしと一緒についてきておくれ」と頼んだ。しかし第一夫人は、「いいえ。わたしはあなたと、この国で一緒に暮らしましょうとは申しましたが、よその国へ移り住むなどという約束はいたしませんでした」と断ってしまった。

そこで男は、第二夫人に頼んでみた。すると第二夫人は、第一夫人同様、男の頼みを拒否した。それではと第三夫人を連れていこうとするが、第三夫人も「いいえ、わたくしもよその国にまでは一緒に移り住むことはできません。でもせめて国境まではあなたをお見送りいたしましょう」と答えた。

しかたなく男は第四夫人に頼むと、

「はい、承知しました。わたくしは喜んでどこへなりともお供いたします」

と意外な返事。そして、男は第四夫人を伴ってよその国へ移って行った。

第一夫人とは、わたしが最も大事にしてきた自分の肉体で、第二夫人とは財産、第三夫人とは自分の子どもたちで、第四夫人は〝善い行ないと善いこころ〟を喩えていると言われます。

仏教で考える〝善〟とは、仏さまに近づく糧となるものです。その逆が〝悪〟で、慢心は自分へのとらわれなので悪なのです。

わたしたちの現実生活では、慢心は快い感情であり、それを楽しんで生活しています。しかし慢心の裏側には劣等感が潜んでいます。慢心と劣等感は、木の葉が風に吹かれて舞いながら傷ついていくように、自分自身で傷ついていくのです。この〝慢心〟というわたしの闇が明らかになるところに仏教でいう〝善〟があります。

第四夫人とは、この一番目立たないけれども最も自分に身近なものとしてある善のことです。闇があるから星の光が見えるように、この善はわたしのなかの闇を通して知ることができるのです。

闇があるから星の光が見えるように、仏の光はわたしの闇を通して知ることができる。

「四門出遊」の背景にあるもの

「凡夫」といふは、無明煩悩われらが身にみちみちて、欲もおほく、いかり、はらだち、そねみ、ねたむこころおほくひまなくして、臨終の一念にいたるまで、とどまらず、きえず、たえず

（親鸞聖人『一念多念文意』、『註釈版聖典』六九三頁）

凡夫――我見（自分の偏った見方）にとらわれている人。

お釈迦さまの逸話に「四門出遊」があります。お釈迦さまが太子であったとき、王城の東西南北の四つの門から郊外に出掛けようとして、それぞれの門の外で老人、病人、死者、修行者に出会ったことから、人生を憂い出家を決意したという説話です。

「四門出遊」では、お釈迦さまの老病死に対する憂いが語られますが、その憂いを引き出したのは天の神々の存在です。このことは何を意味しているのでしょうか。

『ブッダ・チャリタ』（『仏所行讃』）というインドで最も古い釈尊伝があります。馬鳴（仏教詩人・紀元二世紀ころの人）の著作とされ、釈迦の生涯に題材を採った二十八編の韻文からなるサンスクリットの仏教叙事詩です。お釈迦さまを多くの説話や比喩で表現し、仏教文学を大成した作品とも言われています。

手許に杉浦儀朗訳の『ブッダ・チャリタ――仏陀への讃歌』（桂書房）があります。訳者は学者でも僧でもなく、学生時代から仏教に関心を持ち、仏典をサンスクリット原典から読むことを発願して、独学でサンスクリット語を学習し翻訳をされました。原典の『ブッダ・チャリタ』は韻文ですから、原文の美しさを壊したくないとの思いで擬古文調で翻訳されています。その杉浦訳『ブッダ・チャリタ』には、四門出遊の説話が次のようにあります。

ある時、御子（お釈迦さま）は、花咲き鳥うたい、楽しき歌声がこだまし、女たちのこよなくめでたる森のうわさを耳にします。御子の思いを知った父王は最高の車を用意し、御幸の道筋から老人や病人、卑しき者を排除し、美しく整えます。

（五六頁）

そして次のようにあります。

……然るにシュダーディヴァーサの神々は、歓喜に湧き返りたる都大路の様子を見て、御子の出家を促さんと一人の老人を創り出しけり。…やがて御子は、しばし頭を振りて老人を見据え、歓喜に沸き返る人々と見比べつつ声を震わせて一人言ちけり。……急ぎ車を返すべし。忌まわしき老衰の心に懸れる限り森に行きて何の悦びやある。

（五九頁）

その後、病人、死者、修行者との出会いへと続きます。

わたしが注目したいのは、清浄なる神々が老人、病人、死者、出家者をつくり出したということです。お釈迦さまの〝憂い〟は若さという驕り（おご）への気づきです。その気づきを促したのが神々、つまり聖なるものたちなのです。平たく言えば、老人との出会いによる憂いは清浄なる神々のはたらきによるもので、その憂いそのものが聖の側のはたらき、演出だということです。

これは何を意味しているのか。わたしたちの苦悩そのものが、聖（如来）なるもののはたらきによるという理解に通じています。人間の抱える苦悩そのものは当事者にとっては歓迎されません。しかしその苦悩は、聖なるものの誘いである場合があるということです。であるならば苦悩と対峙して、その苦悩を通して聖なるものの声を聞くことも重要です。そして煩悩の正体を知ることです。その煩わしい悩みはどこから湧き上がってくるのか。そのことが明らかになることが仏の智慧のはたらきなのです。仏の智慧は、わたしの煩悩を離れては触れることができないのです。

凡夫とは、真実に暗く煩わしい悩みに覆われた存在です。自分の思いどおりにしたいといった欲求や挫折、また他人と比べて妬んだり恨んだりするこころから離れることができません。

〝わたしは凡夫である〟ことが明らかになる。それは、阿弥陀さまから届けられるみ光によるのです。

凡夫は、真実に暗く、煩わしい悩みに覆われている。
このことが明らかになるのは、
阿弥陀さまから届けられるみ光にのみよるのである。

欲望の投影――ブロッケン現象

弥陀如来は如より来生して、報・応・化、種々の身を示し現じたまふなり。

（親鸞聖人『顕浄土真実教行証文類』「証文類」、『註釈版聖典』三〇七頁）

如――ありのままの真実の姿。

報・応・化――報身・応身・化身のことで、報身とは真如そのものから現れた阿弥陀如来であり、応身とはこの世において覚り人々の前に現れるお釈迦さまの姿、化身とは仏が人々の境遇にあわせて現す姿。

ビデオ録画した登山番組の「にっぽん百名山」を観ていると、〝ブロッケン現象〟の場面がありました。ブロッケン現象とは、ドイツのブロッケン山頂でよく見られることからこの名称がつけられたもので、太陽を背にして立ったとき、自分の影が前方の雲や霧に映り、その周囲に光背のように色のついた光の輪が見える現象です。

ビデオを観ながら、わたしは「あぁ、あれは本当だったのだ」とまったく関係のない話を思い出していました。拙著『阿弥陀如来は慈しみの仏さま』（伝道冊子、築地本願寺刊）に、こんな逸話を紹介しました。

浄土真宗に、安定（一六七七〜一七三七）という高僧の逸話が伝わっている。

安定は、あるとき、越中の雪山である立山に登り絶壁に至ったとき、空中に三尊（阿弥陀如来・観音菩薩・勢至菩薩）の御影を拝した。同行の人たちはみな地上にひざまずいて合掌礼拝したが、安定一人は立ったままで、その現象に向かって、

「我らは凡夫である。このおそまつな汚れのまじった肉眼で、どうして無相の覚りの風光に接することができよう。我らの肉眼に映ずる三尊は決して真実の三尊ではなく、悪魔の変現に違いあるまい。妖怪は早く化けの皮を脱いで、正体を現すが

よい」

と叫んだ。するとたちまち空中の三尊は消えて悪魔が正体を現したという。

（二一一頁）

これはおそらく、安定の仏道に向かう姿勢の厳しさから生まれた逸話でしょう。仏道の目的は、自分の思いどおりになるというエゴイズムの満足ではなく、あくまで自分の真実の姿を明らかにし、わたしへの固執から解放される道です。生活が順調で満ち足りているときは〝お陰さまで〟と仏に合掌し、満たされないときは仏に祈る、これは信仰の主体が〝自分の欲望〟だからです。その欲望の投影としての仏にしか過ぎないのです。

この安定が見た〝空中に三尊〟はまさにブロッケン現象で、「同行の人たち」とあることから、きっと三人の影が光の輪のなかに見えたものでありましょう。ビデオを観ながら、「あぁ、あの逸話は本当だったのだ」というのは、このことなのです。

浄土真宗において「仏に遇う」とは、空中に如来を仰ぐということではなく、わたしの愚かさが明らかになる光（智慧）に出遇うことです。愚かさが明らかになることがなぜ重要なのかと言えば、思い込みにはまりこんでいる自分の知性や感情への絶対依存を、立ち切ることができるからです。「阿弥陀」とは、サンスクリット語で「無量の智慧（光）」と「無量の慈悲（いのち）」のことです。

〝光に遇う〟とは、わたしの闇が明らかになることです。その闇を明らかにするために、阿弥陀さまは巧みな手立て（智慧）をもちいています。その手立ての目当ては、〝悩み・苦しみ・悲しみ〟を抱えている、いまのわたしなのです。阿弥陀さまは、人々の悩みや苦しみ、悲しみに応じた姿となって、その悩みや苦しみ、悲しみを浄化してくださるのです。

阿弥陀さまは、人々の苦しみや悲しみに応じた姿となって、
悲しみ苦しみを浄化してくれる。

与えられた肯定感

三毒の煩悩はしばしばおこれども、まことの信心はかれにもさへられず。

（存覚上人『浄土真要鈔』、『註釈版聖典』九六三頁）

三毒――人の善心を害する貪欲（欲望）・瞋恚（いかり）・愚痴（おろかさ）の三種の煩悩。

芥川龍之介の作品に『奉教人の死』という小説があります。まずはあらすじを紹介しましょう。

長崎の教会に、美しい少年がいた。彼は自身の素性を周囲に問われても、「故郷は天国、父は天主です」と笑って答えるのみだった。その信仰の固さは教会の長老も舌を巻くほどだった。

　ところが、彼をめぐって不義密通の噂が立つ。教会に通う傘屋の娘が、かの美少年に想いを寄せて色目をつかうのみならず、彼と恋文を交わしているという。

　長老衆は苦々しく少年を問い詰めるが、彼は涙声で身の潔白を訴えるばかりだった。ほどなく傘屋の娘が妊娠し、父親や長老の前で「腹の子の父親は、かの少年だ」と告げたため、少年は姦淫（かんいん）の罪によって破門を宣告され、教会を追い出されてしまう。身寄りのない彼は、みすぼらしい姿で長崎の町を彷徨（さまよ）うことになったが、そんな境遇になっても、他の信者から疎んじられようとも、教会へ足を運んで祈るのだった。

　一方、傘屋の娘は月満ちて、玉のような女の子を産んだ。

　そんなある日、長崎の町が大火に見舞われた。傘屋の父親と娘は炎のなかを辛くも逃げ出すが、一息ついたところで赤子を燃え上がる家に置きざりにしたことに気がつき、半狂乱となる。そこにかの少年が現れて、火のなかに飛び込み赤子を救い出し、そのまま倒れて死んだ。群衆はわが子ゆえといって同情したが、横たわる少年の着物は焦げて破れ、そこから清らかな二つの乳房が見えていた。

感動的な話です。かの美少年は女であり、世間のあざけりを敢えて受けていたのです。神とともにあるという信仰は、災難がなくなることではなく、人からあざけりを受けようとも、苦しみのなかにわが身を置くことができ、自分を理解してくれている方がましますことが自己を肯定する力となるのです。

『奉教人の死』とそっくりな話が、白隠禅師（はくいんぜんじ）（白隠慧鶴（えかく）・江戸中期の禅僧で臨済宗の中興の祖）の逸話にあります。芥川龍之介は、この白隠禅師の逸話をモチーフにしたのかもしれません。

白隠が住んでいた村の娘が妊娠した。娘は訊かれても相手の名を明かさない。しかし、娘の父親が執拗（しつよう）に聞き出そうとして脅しつけたので、娘はそれから逃れようとして「父親は白隠だ」と告げた。

父親は子どもが生まれるとすぐに白隠の元へ連れて行き、「これはおまえの子だ」と言って白隠に渡した。そして悪口雑言（あっこうぞうごん）を浴びせかけ、侮蔑しあざけりを尽くした。黙って聞いていた白隠は、聞き終わるとただひと言、「おお、そうなのか」とだけ言って、その子を腕に抱いた。

白隠は、その子を自分のボロボロの僧衣の懐にくるんで、どこにでも連れて歩いた。雨の日も嵐の夜も雪の降る日も近所の家々を廻って、その子のために母乳を乞うて歩いた。白隠には多くの弟子がいたが、その多くが「禅師は堕落してしまった」と白隠の元を去った。しかし白隠はひと言も弁解しなかった。

一方、母親である娘は、自分の子どもから離れている苦しみと悔恨の情から、とうとう子どもの本当の父親の名を明かした。娘の父親は白隠の元へ駆けつけてひれ伏し、頭を地に擦りつけるようにして、繰り返し許しを乞うた。

白隠は「おお、そうなのか」とだけ言って、娘の父親に子どもを返した。

白隠禅師は、人にあざけりを受けても動じない坐禅による自己肯定感に開かれていたのでしょう。

人は、自分の思いどおりになったなかで安心して自分を肯定できます。自分の思いどおりにならないという意に反するなかで自分を肯定していける道は、自分に立脚した拠りどころではなく、どのような状況でも見捨てることなく受け入れてくれる大きな存在によって与えられます。それが阿弥陀さまの願いとはたらきです。

阿弥陀さまの願いとはたらきは、欲と怒りと愚痴に閉ざされている人を照らしだし、そのいのちに尊厳を見いだす力があります。

阿弥陀さまの願いには、
欲と怒りと愚痴に閉ざされている人を照らしだし、
そのいのちに尊厳を見いだす力がある。

第四章　救いの根底にあるもの

往生の意味を知る

願力無窮にましませば
罪業深重もおもからず
仏智無辺にましませば
散乱放逸もすてられず

（親鸞聖人『正像末和讃』、『註釈版聖典』六〇六頁）

願力無窮——阿弥陀仏のはたらきには限界がない。
散乱放逸——散りじりに乱れたこころで勝手気ままな行ないをするもの。

仏教説話に「雪仙の寒苦鳥」があります。寒苦鳥とはヒマラヤに棲むという想像上の鳥ですが、仏教では怠けて覚りの道を求めない人間に例えて用いられる説話です。

この寒苦鳥が棲んでいるあたりは、昼間は陽射しが豊かで暖かい場所です。寒苦鳥は、うららかな日の光を浴びながら、一日遊んで暮らしています。ところが日が落ちると急激に気温は低下し、夜ともなるとまさに凍(こご)えんばかりの寒さとなってしまうのです。寒苦鳥は、「明日こそは、寒さから身を守る巣をつくろう」と考えます。ところが朝陽が昇り、また陽の光が降り注ぐ素晴らしい一日が始まると、昨夜の寒さのことは忘れて遊び呆けてしまう。そしてまた夜になると後悔の念に苛(さいな)まれる。寒苦鳥はこうした営みを繰り返しながら死んでいったのです。

この説話は、〝怠けを戒める説話〟とも言えます。この〝怠けを戒める〟という考え方自体が、〝人は自由意思で自分を変えていくことができる〟ことを前提としています。しかし仏教の伝統には、人間の抱く欲や怒り愚痴などは人間性そのものであり、その人間の愚かさを認めていこうという仏道があります。それが、「救い」を説く浄土真宗の阿弥陀さまのみ教えです。

その阿弥陀さまの救いのみ教えから寒苦鳥の説話を解釈すると、次のようになります。寒苦鳥は、どうあがこうとも苦しみのなかで死んでいくのです。それが寒苦鳥の習性です。その寒苦鳥の習性を欠点として指摘するのが、普通の解釈です。ところが阿弥陀さまは、その寒苦鳥に対して寒苦鳥の生きざまを責めることなく、〝そのような生き方しかできないあなたのためのお慈悲ですよ〟と、阿弥陀仏の存在を「南無阿弥陀仏」のお念仏となって告げているのです。

寒苦鳥は、苦しみながら自分の習性を悲しみ、その悲しみに応じてくださっている阿弥陀仏の大悲の深さに触れながら、死んでいくのです。

「自分をわかってくださる仏さまがおられる」

寒苦鳥は、阿弥陀仏の大悲に触れ〝独りではない〟という安堵とともに、欠点を欠点のままに摂め取る阿弥陀さまの豊かさのなかに往生していくのです。

「往生」というと、一般では〝(行き詰って)立ち往生〟だとか〝(困り果てて)往生した〟とかいうふうに使われます。しかし本来の「往生」の意味はまったく逆で、〝現実を受け止め、受け入れて、その先に往く（進む）〟ことができることを言います。〝往生することにこころが定まる〟とは、現在のわたしがどのような存在（ありさま）であっても、浄土に生まれて仏に成る生命であると、自分の生き方が見出されていく営みのことを言うのです。

大悲の深さに触れながら、虚しく終わっていく生命ではなく、無量寿に薫る生の営みへと生きざまが転じられていくのです。阿弥陀さまの願いとはたらきに、わたしの愚かさの真っただなかで出遇っていくのです。

阿弥陀さまの願いとはたらきは、
わたしの愚かさの深さと広さに等しい。

ナマコの救いとわたしの救い

もし三塗勤苦の処にありて、この光明を見たてまつれば、みな休息を得てまた苦悩なし。寿終りての後に、みな解脱を蒙る。

（『仏説無量寿経』、『註釈版聖典』三〇頁）

三塗勤苦の処——地獄・餓鬼・畜生のような苦悩の深い場所。
休息を得て——安心すること。

ナマコという海洋生物がいます。ナマコは、ウニやヒトデなどの仲間、つまり棘皮動物だそうです。
ナマコは朝から夕方までかかってやっと一〇メートルほどを動くことができると、書物にあります。同じサイズの哺乳類と比べると百分の一のエネルギーしか使わないので、食べる量も百分の一。

ナマコは、砂といっしょに飲み込んだ海藻の切れっぱしや有機物の粒子、あるいは砂の表面に生えているバクテリアを、栄養としています。砂はナマコの周りにいくらでもあり、探しまわる必要はありません。だから動きまわるための筋肉もあまりいらないし、餌を見つけるための目や耳や鼻のような感覚器官もなくてすみます。感覚入力を統合して筋肉に指令を出すための脳も必要ありません。エネルギーを使わないから、酸素や養分をどんどん組織へと送るための心臓もなくてすみます。

脳がない、心臓がない、感覚器官がない、筋肉も少なくて皮ばっかりの生物です。

わたしは朝のウォーキングを日課としていますが、出かける前にときどき〝今日はこれを考えよう〟と、自分に課題を与えることがあります。ナマコを紹介した本を読んだ翌朝、ふと昨夜読んだナマコの話を思い出し、「ナマコは阿弥陀仏に救われるか」という課題について考えながら歩こうと、思い立ちました。

歩きはじめて四十分、田圃(たんぼ)のなかの農道で「ナマンダブ…」と念仏を称えながら歩いていると、ふと思ったことがあります。「ナマンダブ」と「ナマコ」では、「ナマ」までが同じ音(おん)で、そのあとに「ンダブ」か「コ」が続きます。

ウォーキング中の思索は次に移ります。わたしも歳を取り、いずれは認知症になるに違いない。たとえ認知症になっても朝の習慣は変わらず、まずは仏前に座って「ナマンダブ、ナマンダブ、…」と念仏を称えるに違いない。しかし自分では「ナマンダブ」と称えたつもりでも、「ナマコ」のほうが三文字で称えやすいことから、いつの間にか「ナマコ、ナマコ、…」と称えているかもしれない。いずれはそのようなときが来るに違いない。そう思ったとき、「ナマコは救われるか」と考えること自体が底の浅い考え方だということに気づきました。

じつは、ナマコも救われていくような慈しみでなければ、わたし自身も救われないということです。いまは縁が整って人に語り、自由に動くこともできます。しかしいずれは、一日中、いや十日以上もじっと動かずにただ横たわっている姿も、わたしの人生にはあるにちがいありません。ここに、ナマコとわたしに同質のいのちの状態があります。しかし、わたしのなかのどこかにある〝ナマコよりもだいぶ自分のほうが優れている〟という思いがわたしを拒否するのです。

『仏説無量寿経』には、阿弥陀如来は「十方衆生（生きとし生けるもの）を救う」とあり、『大阿弥陀経』には、

蜎飛蠕動（けんびねんどう）の類（たぐい）、わが名字（みょうじ）を聞（き）きて慈心（じしん）せざるはなけん。

（『顕浄土真実教行証文類』「行文類」引用、『註釈版聖典』一四三頁）

とあります。「蜎飛」とは飛びまわる小虫のことであり、「蠕動」とはうじ虫のことです。

わたしが救われるためには、ナマコが救われる慈しみである必要があるのです。大自然の営みからみれば、人間もナマコも大差はないということでしょう。

阿弥陀さまの光に遇う人は、苦しみの意味や悩みの原因を知り、欲と怒りと愚かさの煩わしい悩みから解放されます。命が終わって、わたしという意識そのものから解き放たれるのです。

阿弥陀さまの光に遇う人は、苦しみの意味や悩みの原因を知り、
煩わしい悩みから解放される。
なぜなら、いのちがおわって、わたしという意識そのものから
解き放たれるからである。

真なるものからの問いかけ

至徳の風静かに衆禍の波転ず。

（親鸞聖人『顕浄土真実教行証文類』「行文類」、『註釈版聖典』一八九頁）

至徳——最上の価値ある徳質。
衆禍——さまざまなわざわい。

カーラジオをつけると、ゲストの小原孝さんの美しいピアノ演奏と詩の朗読が聞こえてきました。小原さんは、オリジナル曲に『モリー先生との火曜日』（ミッチ・アルボム　NHK出版）のなかにある小ばなしを組みあわせた演奏会を、各地で開催しています。

海で楽しく過ごしていた小さな波は、ある日、自分たちがいずれ岸に打ち寄せて砕けてしまうことに気づき、暗い気持ちになりました。でも、別の波がこういいました。僕たちは砕けて無くなってしまうわけじゃない、だって、僕たちはみんな、海の一部なんだ。

このような内容の詩でした。

家に帰って、本棚からその本を取り出し、改めて朗読の部分を読み直しました。この本は、ＡＬＳ（筋萎縮性側索硬化症）に侵されていたモリー・シュワルツ教授から、かつての教え子でスポーツコラムニストとして活躍する著者ミッチ・アルボムさんが、教授の死への床で受けた「ふたりだけの最後の授業」の記録です。朗読で中心となった海の描写は一八一ページにありました。

「この間おもしろい小ばなしを聞いてね」とモリーは言い出し、そのまましばらく目を閉じている。ぼくは待ちかまえる。

「いいかい。実は、小さな波の話で、その波は海の中でぷかぷか上がったり下がったり、楽しい時を過ごしていた。気持ちのいい風、すがすがしい空気――ところがやがて、ほかの波たちが目の前で次々に岸に砕けるのに気がついた。

『わあ、たいへんだ。ぼくもああなるのか』

そこへもう一つの波がやってきた。最初の波が暗い顔をしているのを見て、『何がそんなに悲しいんだ？』とたずねる。

最初の波は答えた。『わかっちゃいないね。ぼくたち波はみんな砕けちゃうんだぜ！　みんななんにもなくなる！　ああ、おそろしい』

すると二番めの波がこう言った。『ばか、わかっちゃいないのはおまえだよ。おまえは波なんかじゃない。海の一部分なんだよ』」

こころに響く話です。ラジオを聞きながら思ったことは、「わあ、たいへんだ。ぼくもああなるのか」という混乱は、いったい何だろうという問いです。

何の疑問も覚えていなかった波に、突然「わあ、たいへんだ。ぼくもああなるのか」という混乱が起こり、そしてその混乱を通して、海と一体であることにこころが開かれていく。この混乱は、海の側からの働きかけによって起こったのではないかと理解すると、混乱そのものが大切な意味をもっていることに気づきます。

混乱は真なるものからの問いかけによるものです。もっと言えば、真実からのはたらきかけによってわたしのなかの嘘が暴かれていく、これが混乱の真相ではないでしょうか。

苦しみや悲しみのなかから見出される宝は、万人のこころを潤す力があります。そのことに出遇うか出遇わないかが、大きな課題です。

苦しみや悲しみのなかから見出される宝は、
万人のこころを潤す力がある。

今生の出遇いと浄土の出遇い

念仏の衆生は横超の金剛心を窮むるがゆゑに、臨終一念の夕、大般涅槃を超証す。

（親鸞聖人『顕浄土真実教行証文類』「信文類」、二六四頁）

衆生——いのちある生きとし生けるもの。
横超——人々をして往生と同時に覚りを開かせる阿弥陀仏の力。
臨終一念の夕——この世の命が終わるのと同時に。
大般涅槃——この上ない覚りの世界。
超証——覚りの世界に至る。

東京都杉並区に、築地本願寺の墓所である和田堀廟所があります。ここには、作曲家の古賀政男や作家の樋口一葉といった有名・著名人のお墓もあります。

先日、法話に招かれた折に境内を散策していると、新しい区画に渡辺淳一氏のお墓がありました。『失楽園』などで有名な作家です。わたしは、渡辺淳一の作品では、『冬の花火』を読んだことがあります。

これは、戦後の代表的な女性歌人・中城ふみ子（一九二二～一九五四）を主人公にした小説です。その中城ふみ子が詠んだ歌に、

遺産なき母が唯一のものとして残しゆく「死」を子らは受取れ
（『日本文学全集29　近現代詩歌』二八二頁、河出書房新社）

というのがあります。

北海道の帯広に生まれ、二十歳のときに鉄道技師の男性と見合い結婚をし、三男一女

を設けましたが、後に離婚。そして、一九五三（昭和二十八）年にがんを発症して片方の乳房を切除しましたが、翌年に再発、二月には肺への転移を告げられ、八月三日についに死去。三十一歳の若さでした。

彼女が亡くなった年に出版された、川端康成が序文を書いた処女歌集『乳房喪失』は、歌集としては異例のベストセラーとなりました。

渡辺淳一は、中城ふみ子が札幌医科大学病院で亡くなったとき、その大学の医学部の一年生でした。彼は中城ふみ子と直接には会っていませんが、

偶然先輩の医師を訪ねて放射線科の詰所に行った時、暗い病棟と、そのなかで迫り来る死を待っている人々の群を見た。

（『冬の花火』四一八頁、集英社文庫）


と、当時、中城ふみ子が置かれていた現場を語っています。

魚屋を営む両親と暮らしながら子育てをし、乳がんの治療を受ける中城に、子らに残せる遺産はおそらく皆無であったことでしょう。前述の歌は、その遺産のない状況のなかで〝命には終わりがあること〟〝自分はいま、その終わりのある命を生きている〟という事実を、自身の死にゆく姿を通して〝子らに残し置く〟という歌です。

「死」は、去りゆく人が最後に残してくれる大切な教えでもあります。

十数年前に往生した父に、生前「浄土へ往ったら何がしたいか」と尋ねたことがあります。父は僧侶で、食道がんを患い治癒の見込みはない状態でした。なぜそのような質問をしたかというと、法話をするために毎月、訪問する老人ホームでこんなことがあったからです。

九十二歳のある女性が、お訪ねするといつも亡くなられたお父さんの悪口を言われるのです。あるとき、

「あなたもこの先、そう長い人生ではないですよね。お浄土へ往けばお父さんもいら

っしゃるのだから、そのとき、直接になじられたらいいんじゃないですか」

と申しますと、寂しい顔をされるのです。

そのときわたしは、「この方は、お浄土でお父さんと遇うということが想像できないのだ」と思いました。そう思った瞬間、わたしは、自分が見て、聴いて、知って、といった五感で体験される次元以上のことを、こころは思い描くことができることに気づいたのでした。

たとえば、経典を拝読し「有り難い」と思ったとき、このわたしも命が終わった後、仏さまの境界に入り、二千五百年前に仏さまと成られているお釈迦さまから、この経典の言葉を直接お聞きしようと楽しみに思うこともあります。

そのような思いがありましたので、父に「浄土へ往ったら何がしたいか」と訊いたのでした。そのとき、父はしばしの沈黙の後、

「うん、そうだな。南無阿弥陀仏のお念仏になるよ」

と答えてくれました。

それを聞いたわたしは、父は何を考えて念仏になると言ったのか、その訳までは問いませんでしたが、しかしいま、父からとても有り難い言葉をもらったと思っています。「南無阿弥陀仏」と称えるなかに、この念仏のおこころを教えてくださった親鸞聖人に出遇うこともあります。また、「南無阿弥陀仏」と念仏を申し浄土真宗の伝道に燃えながら、三十代で往生した友のことを思うこともあります。いま「南無阿弥陀仏」と称えながら、この浄土真宗のみ教えに触れる環境に育んでくれた父のことを、深く思うのです。

わたしたち浄土真宗のみ教えをいただく者は、浄土に至って亡き方々と出遇えることも有り難いことですが、それ以上に、いまこうして「南無阿弥陀仏」と称えるなかに、先に往生された方々と触れ合っていけることが、何とも有り難いことだと思っています。

中城ふみ子は、「遺産なき母が唯一のものとして残しゆく『死』を、子らは受取れ」

と詠みましたが、わたしの父は、「父が唯一のものとして残しゆく『南無阿弥陀仏』のお念仏を子らは受取れ」と、残してくれたように思います。

父との縁が、「念仏」で結ばれている。父だけではない、すべてのいのちがつながっていける み教えが、「浄土真宗」という仏道です。そしてわたしの命が尽きたとき、大自然をわたしとする世界が開かれていきます。大自然は、自由自在の世界です。

滅ぶことのないこころとは、大自然のはらたきに開かれたこころである。このいのちが終わったとき、〝大自然こそがわたし〟とする世界が開かれていく。大自然は、自由自在の世界である。

人生の意味を与える慈しみの大地

弥陀の誓願不思議にたすけられまゐらせて、往生をばとぐるなりと信じて念仏申さんとおもひたつこころのおこるとき、すなはち摂取不捨の利益にあづけしめたまふなり。

（『歎異抄』第一条、『註釈版聖典』八三一頁）

誓願不思議――人間の思慮分別や議論をこえている阿弥陀仏の誓願。
摂取不捨――決して見捨てることなく救うこと。

「ロゴセラピー」というものがあります。アウシュビッツの体験談『夜と霧』の作者である精神科医・哲学者、ヴィクトール・E・フランクル（一九〇五～一九九七）が創始した精神療法です。「ロゴ」とは、ギリシャ語の「ロゴス」に由来し「意味」を表します。ロゴセラピーにおいて、自分の人生に「意味」を見出そうとする意思は、人間の根源的な能力であると言います。

フランクルの言葉に、

> ここで必要なのは生命の意味についての問いの観点変更なのである。すなわち人生から何かをわれわれはまだ期待できるかではなく、むしろ人生が何かをわれわれから期待しているかが問題である。
>
> （『夜と霧』一八二頁、みすず書房）

とあります。人間とは、「意味」によって方向づけられた存在であるということです。

「三人のレンガ職人」の話があります。

三人のレンガを運ぶ仕事をしている人がいた。

一人は、とてもつまらなそうにレンガを運んでいる。その人に「何をしているのですか」と訊くと、「レンガをただ運んでいるだけです」とつまらなそうに言う。

二人めの人は、がんばってレンガを運んでいた。その人に「何をしているのですか」と訊くと、「いま、壁をつくっていて、このレンガはその壁に使われるのです」と言った。

三人めの人は、とても楽しそうにレンガを運んでいた。その人に「何をしているのですかと訊くと、「いま、世界一のお城をつくっていて、このレンガはそのお城の壁に使われるのです」と、とても楽しそうに話していた。


物語が言わんとすることは、ひとつの行為のなかに意味を見出すことによって、生き甲斐が生まれるということです。

しかし、わたしが通常理解する意味の世界はわたしの経験値に基づくので、「無→有」「苦→楽」「無価値→価値」という具合に、プラス思考を越えることはできません。わたしの思いどおりになったところに意味を見出すという考え方です。

仏教が教えている覚りはプラス思考ではなく、プラス・マイナスからの超越です。たとえば、お釈迦さまの覚りの内容を示した言葉にの一つに、「一切皆苦」があります。「一切は苦である」というと、人生を否定した退廃的な理解のように思われるかもしれません。

「一切は苦である」とは、すべてのものは執着すべき価値がないということです。〝苦しみ〟イコール〝思いどおりにならない〟イコール〝すべては思いどおりにならないものとして存在している〟という真理に開かれた言葉です。

思いどおりになったことのなかに生きがいを見出すのではなく、〝思いどおりにしたい〟というわたしを手放すことです。

「三人のレンガ職人」には続きがあります。

四人めのレンガ職人に尋ねると、

「レンガを一つ積むたびに、大自然の恵みに感謝しています。つらいときは愚痴も出ますが、愚痴のまんまを仏さまにゆだねて生きています」

と言います。

じつは、これはわたしの創作です。

〝思いどおりにしたい〟というわたしをどう手放すか。このはたらきが「如来の恩徳」です。

「恩徳」とは、覚りの境地が具（そな）わっている三種の徳のひとつで、〝人々を救うためにはたらく慈悲〟のことを言います。因みに、後の二つの徳は「分別（ふんべつ）を超越した智徳」と「煩悩を断じ尽した断徳」です。

阿弥陀さまの人々を救おうとする願いとはたらきは、涅槃そのものに具わっている徳であり、その功徳を言葉として表現されたのが阿弥陀さまの救いです。救われなければならない存在として、自分を受け入れていくということです。

阿弥陀さまのはたらきによって、安らぎと喜びの世界に摂め取られるというこころが湧きおこるとき、迷い多きこの身のままに、比べることのできない慈しみの大地に立った世界が開かれていきます。お念仏もみ教えを聞くことも、阿弥陀さまの恩徳がなさしめた恵みです。

阿弥陀さまは、
すべての人が安らぎと悦びに満たされることを願っている。
そのはたらきによって、この身には比べることのできない
慈しみの大地に立った世界が開かれていく。

仏法に出遇うための手立て

そののち念仏申すは、御たすけありたるありがたさありがたさと思ふこころをよろこびて、南無阿弥陀仏南無阿弥陀仏と申すばかりなり。されば他力とは他のちからといふこころなり。

（蓮如上人『蓮如上人御一代記聞書』第一条、『註釈版聖典』一二三一頁）

『大智度論』という論書のなかに、次のような逸話があります。

ある出家者が托鉢して長者の家を訪ね、食を乞うた。

長者は口汚くののしって追い返した。しかし出家者は、その翌日もさらにその翌日も、その長者の家を訪ねた。そのたびに悪態をつき、それから七年のときを経たという。

ある朝のこと、その日はたまたま長者が留守で妻が顔を出した。

「毎朝、わたしの家に托鉢してくださるご出家の温かいおこころを思うと、何か供養したいのですが、夫から堅く禁じられております。お恥ずかしゅうございますが、お引き取りください」

と丁重に断った。

僧が門を出たところで、帰ってきた長者と鉢合わせした。僧は、

「今日はたいへん尊いご供養をいただき、有り難うございました」

と礼を言った。すると長者は、

「何、供養を受けた。あれほど何も与えるなと言っておいたのに」

と叫びながら、家に入っていった。

しかし、「何を与えたのだ」と妻に訊いても「何も供養していない」と答える。「出家者め、よくも嘘をついたな」と僧を追いかけて問いただすと、僧は「いいえ、確かにいただきました」と静かに言う。「妻は何も与えていないと言っているぞ」とさらに問いただすと、

「はい、品物ではございません。温かい尊いお言葉をいただきました。今日まで七年間、わたしは毎日のようにあなたの家を訪ねました。そのたびに、いつも冷たい言葉で追い返されました。しかし今朝は、夫人の温かい言葉に触れ、あまりに嬉しかったのでついお礼を言ったのです。わたしがほしいものは品物ではなく、その尊いおこころです」

静かに聞いていた長者は「わかった」と言うと、家に入り供養の品を持ってきた。

「ご出家者よ、有り難う。冷たく追い返したわたしを、七年間も温かいこころで見守ってくだされて、おはずかしいことでした」

と言って、僧に供養をした。

この僧の行いは、仏さまのはたらきを例えたものです。一人の男のこころのなかに〝尊い〟という思いが起こり、そのこころを成就させるために、仏さまは七年間の苦労を要したのです。

人ごとではありません。わたしたちが仏さまを礼拝し、仏さまのお言葉を喜ぶ身になるまでには、途方もない仏さまのお育てとはたらきがあったのだと、経典に説かれています。念仏を称え、合掌礼拝する。それは何かのためにではなく、それ自体として完結している行為です。そのことを思えるか思えないかが問題です。

仏教では、分別（ふんべつ）のこころを〝迷いのこころ〟と説きます。ものごとを知るには、比較することによって知るのです。わたしはこの分別の領域から出ることはできません。

ところが、仏さまの覚りの境地は〝無分別〟です。では、わたしは仏さまの無分別の世界や、その尊さをどのように知るのか。

わたしには、阿弥陀さまをはじめとして仏さまの尊崇な境地を知る智慧がないので、その智慧を知ることは不可能です。もし知ることができたとしたら、それは阿弥陀さまからのはたらきかけがあったということです。無分別の境界である仏さまを尊いと思えることのなかに、仏さまとの出遇いがあるのです。

〝有り難い〟と思えるこころをよろこび、南無阿弥陀仏と称えられるいまをよろこぶのです。

ありがたいと思えるこころをよろこび、
南無阿弥陀仏と称えられるいまをよろこぶ。

I will stay in your mind —ここに　いるよ—

超日月光この身には
念仏三昧をしへしむ
十方の如来は衆生を
一子のごとく憐念す

（親鸞聖人『浄土和讃』、『註釈版聖典』五七七頁）

一子のごとく——ひとり子のように。
憐念す——哀れみいとおしむ。

公園墓地で改葬の納骨法要を依頼されました。参列者は、祖父をはじめ、その方の娘さんと連れ合い、そしてまだ就学前の二人のお孫さん、数人の親戚です。礼拝室で一緒に読経しご法話。そして墓前に行きました。読経中に、お焼香をご案内すると、順番にお焼香をします。二人のお孫さんも、親が教えることなく自分の番になると、手を合わせ「なまんだぶ」と合掌礼拝しました。

わたしはその光景を見ながら「ほおー」と少し驚きました。手を合わせ念仏するという行為が、普段の日常生活のなかに溶け込んでいるに違いありません。そのときわたしはある心理学の実験を思い出しました。

その実験は「高級車と安い実用車、どちらが道を譲るのか?」というものです。信号のない横断歩道で、車が向かってくるタイミングでサクラの歩行者を渡らせます。車が横断歩道の手前で止まるか、譲らずにそのまま直進するかという実験です。

この実験では、車種を五段階にランク付けします。例えば、外国製の高級車と呼ばれるような車は上位ランクに位置づけされます。手入れがされていない軽四輪のような車は下位にランクづけします。そして、五段階の車の道を譲らなかった割合をグラフにします。

その結果が興味深い。車のランクが高いほど、歩行者に道を譲らなかったのです。ランクが最も低い車は、すべてが道を譲ってくれました。最も高いランクの車は、四五パーセントも譲らなかったのです。

この実験結果から導きだされた結論が興味深いものでした。高級車に乗るようなお金持ちは、いつも優先的に扱われます。列車に乗ってもグリーン車クラスです。そのため、お金持ちは普段から自分を優先するという行為が無意識のうちにすり込まれている。それで横断歩道で道を譲るべき場面でも、自分を優先的に扱ったというものです。(妹尾武治著『脳は、なぜあなたをだますのか─知覚心理学入門』一三九頁、ちくま新書)

人は、無意識に自分が置かれている環境の影響を受けます。その事実は、自分の行為や考え方として身につきます。二人のお孫さんが自然に合掌礼拝したことも、日常生活のなかにその行為が溶け込んでいたからでしょう。ここに、阿弥陀さまの巧みなはたらきがあります。

親鸞聖人のご和讃には、

弥陀・観音・大勢至
大願のふねに乗じてぞ
生死のうみにうかみつつ
有情をよばうてのせたまふ

（『正像末和讃』、『註釈版聖典』六〇九頁）

とあり、「南無阿弥陀仏」は阿弥陀さまの喚び声だとあります。「よばふ」とは「喚びつづけて」という意味です。遠く離れたところからではなく、わたしの口を通して「われを頼め」と喚び続けてくださっているのです。

千葉県の鴨川市には、サッカーなでしこ二部リーグに所属する「オルカ鴨川ＦＣ」という女子サッカーチームがあります。「オルカ」の名前は、同市にある鴨川シーワールドのシャチ「オルカ」に由来していて、「シャチのように力強く突き進むチームになりたい」と付けたそうです。「オルカ」は、「おるか、おらんか」という疑問符のことばでもあります。

富山に嫁いだ娘が、幼児を連れて帰省したときのことです。日曜日に子どもを連れて近くのショッピングセンターに行きました。四千台の駐車場、シネマも二十本上映しているといった大きなショッピングセンターです。

帰ってくると、「子どもが二回、迷子になった。人が多いのでたいへんだった。富山のショッピングセンターなら、子どもが『ママー、ママー』と叫べば、声が届くのですぐ見つかるけど、人が多くてたいへんだった」とのこと。母親が子どもを見つけて「ここにいるよ」と告げると、子どもは、自分をひとりぼっちにさせたと怒ったそうです。離れた所からでは、条件により声が届かないこともあります。阿弥陀さまは、遠く離れた場所からではなく、南無阿弥陀仏となって、わたしを喚び続けてくださっているのです。

地球で迷子になった宇宙人（E・T）と一人の少年の友情を描いた『E・T』という題名の映画があります。E・Tが最後、星に帰るときに「I will stay in your mind」と言います。映画の字幕には、「イツモ　ココニ　イルヨ」とありました。

「南無阿弥陀仏」は、「イツモ　ココニ　イルヨ」というお慈悲の仏さまの喚び声です。

日常生活のなかで、「南無阿弥陀仏」とご一緒してくださっているのです。

普段の生活のなかに、いつも「イツモ　ココニ　イルヨ」という阿弥陀さまの喚び声がある。

おわりに

このたび、本願寺出版社より『正しい絶望のすすめ―浄土の教えに生きる』に合わせる形で、本書を上梓いたしました。

前書は、今日の社会状況を踏まえ、「正しい絶望」という言葉のとおり、通常の問題解決の方法とは異なる宗教、特に浄土真宗への誘い（いざない）と、それによる問題解決の糸口を探る内容になりました。これに対して、本書ではさらに仏教や浄土真宗への方向を深め、それらによる世界観や人生観を明らかにすることをめざしました。

すでに浄土真宗を人生の指針として歩んでおられる方はもちろんのこと、これまで浄土真宗にあまりご縁のなかった方も、ともにこの同時代を生きるものとして、人間としての豊かさとは何かを探っていくなかで、時代を超えた新たなあり方に目覚めていくことが大切であることを肝に銘じながら、筆を擱(お)くことにいたします。

二〇二一（令和三）年九月五日

著者識

著者紹介

西原祐治（にしはら　ゆうじ）

一九五四（昭和二十九）年、島根県生まれ。龍谷大学大学院非常勤講師、東京仏教学院講師などを歴任し、現在、仏教婦人会総連盟講師。本願寺派布教使、千葉県柏市西方寺住職。

著書

『浄土真宗の常識』『親鸞物語―泥中の蓮花』『仏さまの三十二相　仏像のかたちにひそむメッセージ』（朱鷺書房）、『光　風のごとく』『お坊さんの常識』（探究社）、『苦しみは成長のとびら　仏教者からの処方箋』（太陽出版）、『正しい絶望のすすめ―浄土の教えに生きる―』『大きな字で読みやすい浄土真宗やわらか法話3』［共著］（本願寺出版社）。

［015］

仏教で人生を変える
―現代とすくい―

二〇二一年十一月二十日　第一刷発行
二〇二二年 八 月二十日　第二刷発行

著者　西原祐治

発行　本願寺出版社
〒六〇〇―八五〇一
京都市下京区堀川通花屋町下ル
浄土真宗本願寺派（西本願寺）
電　話　〇七五―三七一―四一七一
ＦＡＸ　〇七五―三四一―七七五三
https://hongwanji-shuppan.com/

印刷　株式会社 図書印刷 同朋舎

BD02-SH2-①80-22
ISBN978-4-86696-026-5 C3215